HARTMUT VON CZAPSKI

AF190297

Qi Gong im Sitzen

Nicht nur für Steh-und Gehbehinderte,
auch für Büroarbeiter.

HARTMUT VON CZAPSKI

Qi Gong im Sitzen

Nicht nur für Steh-und Gehbehinderte,
auch für Büroarbeiter.

IMPRESSUM

Bibliografische Information der Deutschen Nationalbibliothek: Die
Deutsche Nationalbibliothek verzeichnet diese Publikation in der
Deutschen Nationalbibliografie; detaillierte bibliografische Daten sind im
Internet über http://dnb.dnb.de abrufbar.

© 2019 Hartmut von Czapski

Fotos: Ellen von Czapski und Hartmut von Czapski

Herstellung und Verlag: BoD – Books on Demand, Norderstedt
ISBN: 9783750424692

Inhaltsverzeichnis

Vorwort

Die vorliegenden Übungen eignen sich für den Einsatz im Büro, in Alten- und Pflegeheimen oder für den Einsatz zuhause, wenn Qi Gong Übungen im Stehen zu anstrengend sind. Aber auch nach einem einstündigen Qi Gong Training im Stehen werden diese Dehn- Massage- und Atemübungen gerne angenommen. Das sie im Sitzen durchgeführt werden, heißt nicht, dass sie nicht anstrengend sind.

Die vermehrte Sauerstoffaufnahme und die Streckung der Sehnen und Muskeln sind anfangs ungewohnt. Deshalb ist, gerade bei älteren kranken Menschen, manchmal weniger mehr. Jeder nach seinem Vermögen. Die Fähigkeiten verbessern sich mit der Zeit.

Dies ist weder ein Buch über Chinesische Medizin, chinesische Philosophie oder Akupunktur. Es ist an der Praxis orientiert. Ob man nun die chinesische Philosophie kennt oder akzeptiert, ist bei diesen Übungen zwar hilfreich, aber nicht zwingend notwendig. Die Übungen entfalten ihre Wirkung, ob man nun daran glaubt oder nicht.

Über den Autor

Hartmut von Czapski

Heilpraktiker seit 1984. Seit 1987 Ausübung der Akupunktur(Lehrerin Fr. Dr. Li Te, Chefärztin der Nankei Klinik). Mehrere Aufenthalte in China mit Fachfortbildungen.

1987 Wissenschaftliche Weiterbildung der Uni. Tübingen bestanden: „Ökologie und ihre biologischen Grundlagen".

Seit 1990 Seminare, Yoga und Qi Gong Kurse an verschiedenen V.H.S. der Umgebung. U.a. 25 Jahre Tätigkeit an der V.H.S. Wesel. Seit 1990 weit über 1000 Qi Gong Unterrichtsstunden abgehalten.

Qi Gong Lehrer 49009 des Mi Gong Rulai Buddhistisches Zentrum für Qi Gong, Shanghai.

Ausbildung zum Qi Gong Therapeuten durch Prof. Wu, Shanghai.

Vorträge auch für die Firma Vitorgan und auf der Medica in Düsseldorf über die Behandlung von Incontinenz mit T.C.M..

1999 Akupunktur-Fachfortbildung für Zahnärzte; Lehrertätigkeit an der HP Schule Dinslaken, Kurse über verschiedene Therapien(Homöopathie, Ausleitungsverfahren, FRZM, u.a.), auch Prüfungsvorbereitungskurse.

Unterrichtete Qi Gong Formen:

Medizinisches Qi Gong nach Prof.Wu.

Taiji-Qigong nach Li Ding.

Zehn Meditationen auf dem Berg WU DANG.

Die Achtzehnfache Methode der Übung.

Die „Bewegungen der 5 Tiere".

Qi Gong nach Guo Lin zur Immunstärkung.

Die „Acht eleganten Übungen. "

„Wai dan gung"

Tai Chi für Anfänger nach Dr. Jiang Hao-quan.

Und vieles mehr.

Qi Gong

Der Begriff „Qi Gong" umfasst verschiedene Arten von Übungen um das „Qi", die Lebensenergie, aufzunehmen und in den Energieleitbahnen, den so genannten „Meridianen", fließen zu lassen.Es ist eine Substanz, die man normalerweise nicht sehen und nicht tasten, aber fühlen kann. Die alten chin. Philosophen dachten, dass Qi eine Ursprungssubstanz ist, die beim Urknall entstand.

Nach der chin. Med. Auffassung ist Qi eine kontinuierlich bewegte und aktive Substanz, die Grundsubstanz, aus der Körper entstehen. Qi erhält die menschlichen Lebensfunktionen. Nach der Definition ist Qi im Qi Gong eine „Essenz"- Substanz im Körper mit einer bestimmten Energie. Qi kann im Körper gebildet, entwickelt, umgewandelt und bewegt werden. Die Atmung bewegt die Energie in den Meridianen. Aber auch nach langer Übung des Qi Gong kann man das Qi mit dem Geist im Körper bewegen und aufnehmen.

Diese Körper- und Atemübungen haben eine mindestens 4000 Jahre alte Tradition in China, wie man durch Beschreibungen auf Grabbeigaben feststellen konnte. Man unterscheidet die verschiedensten Arten von Übungen. Einerseits das weiche Qi Gong, dass viele meditative, auf der Vorstellungskraft beruhende Elemente enthält und oft im Sitzen oder Liegen durchgeführt wird. Andererseits kennen wir das harte Qi Gong, das auch die Muskulatur und die Sehnen stärkt und die inneren Organe massiert. Man denke z.B. an die Leistungen der Shaolin Mönche im Kung Fu oder an die akrobatischen Fähigkeiten der Schauspieler der Peking Oper. Doch Qi Gong Übungen stärken nicht nur den Körper, sondern beruhigen auch den Geist und regulieren das vegetative Nervensystem.

Eine besondere Form ist das therapeutische Qi Gong, das bestimmte Übungen bei bestimmten Erkrankungen vorschreibt. Wie jede empirische Wissenschaft wird Qi Gong auch immer weiterentwickelt. So wurden in den letzten Jahrzehnten z.B. bestimmte neue Übungen zur Krebsbekämpfung durch ihre guten Erfolge berühmt(Qi Gong nach Guo Lin zur Immunstärkung). Das Bluthochdruck-forschungsinstitut Shanghai hat bereits 1978 Arbeiten mit Berichten über Veränderungen veröffentlicht, die Qi Gong im EKG und EEG bewirkt. Es wurden weiterhin Arbeiten darüber veröffentlicht, dass unser sympathisches Nervensystem, dass durch dauernden Stress überaktiv ist, durch Qi Gong eine Entspannung durch Überwiegen des Parasympathikus erreicht.

In China gibt es in vielen Krankenhäusern, neben der Abteilung für Schulmedizin eine Abteilung für traditionelle chinesische Medizin. Dazu gehört auch der Behandlungsraum für den Qi Gong Therapeuten. Hier werden dem Patienten nicht nur Übungen beigebracht die er zuhause regelmäßig üben soll, der Therapeut führt dem Patienten auch Energie zu, die er selber aufgenommen hat.

Die Ausbildung zum Qi Gong Therapeuten ist normalerweise langwierig. Nach 5 Jahren Übung kann man Qi Gong Übungen lehren, nach 10 Jahren auch therapieren. Herr von Czapski ist von Prof. Wu zum Qi Gong Therapeuten ausgebildet worden.

Energie Aufnahme und Abgabe Punkte

<u>Yongchuan</u>. Wenn wir die Zehen "in den Boden krallen" entsteht eine Kuhle unterhalb der Grundzehengelenke. Punkt Niere 1.

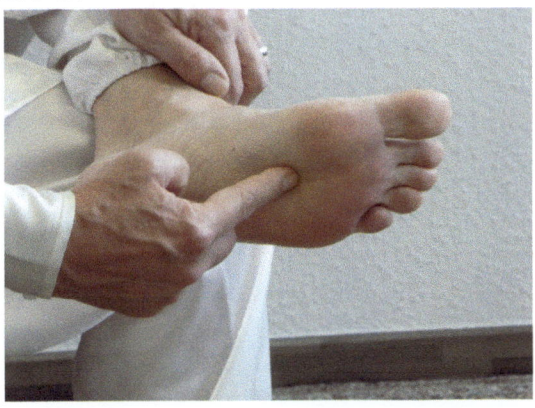

<u>Laogong.</u> Wenn wir die Fingerspitze des Ringfingers in die Handinnenfläche kippen, kommen wir zu diesem Punkt.

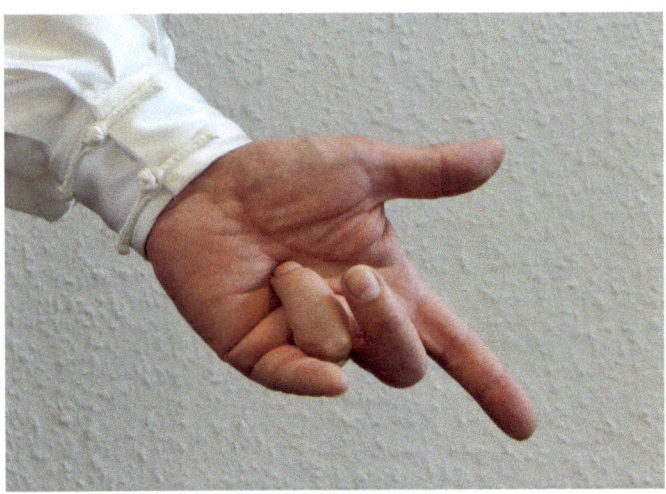

Wichtige Energiezentren

<u>"Echtes" Dantian</u>. Liegt zwischen Bauchnabel und Wirbelsäule.

<u>Unteres Dantian</u>, etwa 2 Querfinger breit unter dem Bauchnabel. Ca. auf Höhe des Akupunktur Punktes" Qi Hai", Meer der Energie.

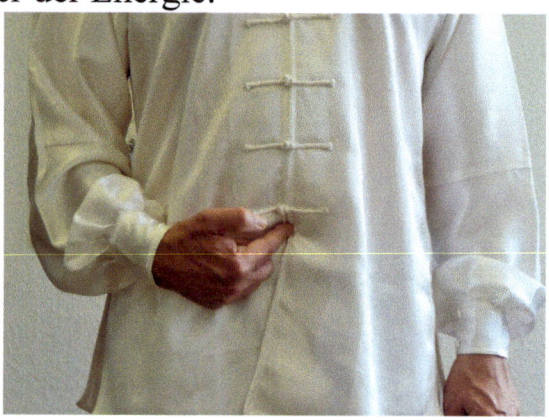

<u>Oberes Dantian</u>, Yintang. Zwischen den Augenbrauen, kurz über der Nasenwurzel.

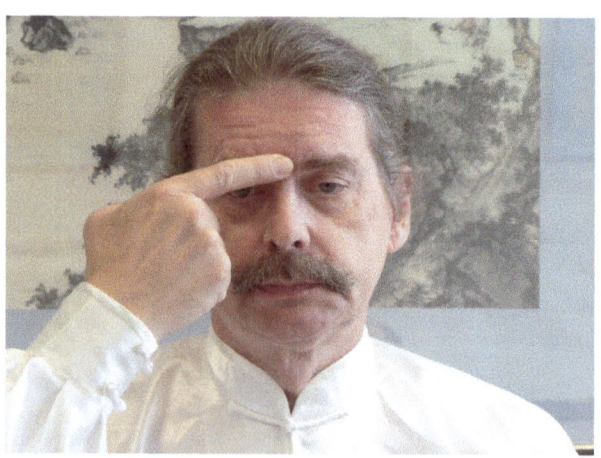

Mittleres Dantian, Herzzentrum. Auf Höhe einer Kuhle auf dem Brustbein, etwas oberhalb der Brustwarzen. Tan Zhong

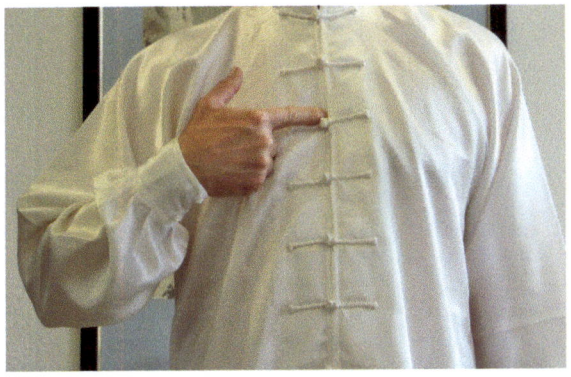

Mingmen. Wenn man die Zeigefinger- Oberkanten unter den hinteren Rippenbogen legt und die Daumen Richtung Wirbelsäule streckt, kommt man mit den Daumenspitzen zum Mingmen Punkt auf der Wirbelsäule.

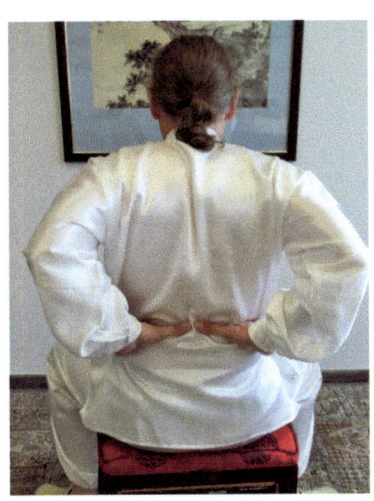

Im Sitzen:

Normalerweise: Hände auf die Oberschenkel legen.
Oberschenkel und Unterschenkel im rechten
Winkel. Gerade aber entspannt sitzen.
Die Atmungsweise wird bei den einzelnen Übungen
angegeben.

1) Nacken- Kranich- Übung

Normale Atmung. Das Kinn nach vorne strecken, dann zur Brust klappen und das Kinn nach oben ziehen. Die Halswirbelsäule wird so gedehnt und gestreckt.8x

2) Den Kopf in 4 Richtungen drehen

Normale Atmung. Geradeausschauen, dann das Kinn zur Brust neigen und auch dahin schauen.
Dann nach hinten, oben schauen und wieder zurück zur Ausgangsposition.
Als nächstes den Kopf langsam nach links drehen und auf unserem persönlichen Horizont nach hinten schauen. D.h. nicht nach oben oder unten schauen.
Dabei die persönliche Grenze beachten. Nichts mit Gewalt erzwingen, keine ruckartigen Bewegungen.
Dann den Kopf wieder nach vorne richten. Als nächstes nach rechts wenden, dann zur Mitte zurück.
3 x wiederholen.

3) Kopf massieren

Normale Atmung. Mit den Fingerspitzen beider
Hände von vorne nach hinten die Kopfhaut
massieren. Dies ist im Verlauf der Kopfmeridiane.
8x.

4) Kopf klopfen

Normale Atmung. Mit lockeren Fingern beider Hände den Kopf, den Nacken und die Schultern klopfen, von vorne nach hinten. 8x.
Anschließend den Übergang von Hals- zur Brustwirbelsäule reiben. Mit der rechten und anschließend mit der linken Hand.

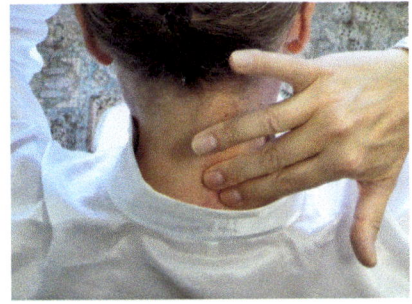

5) Himmelstrommeln

Normale Atmung. Die Mittelfinger auf das hintere Ende des Schädels legen, sodass die Handflächen über den Ohren liegen. Die Zeigefinger auf die Mittelfinger legen und von dort in die darunter liegenden Kuhlen schnippsen. Dort befindet sich der Punkt G 20 der bei vielen Kopfbeschwerden genutzt wird, z.B. Seh- und Hörstörungen, Kopfschmerzen u.s.w.

Der Schädel wirkt wie eine Trommel und idealerweise ist ein Trommelgeräusch zu hören.

Eine andere Art der Himmelstrommel:Mit dem Mittelfinger den Tragus auf den Gehöhrgang drücken. Mit dem Zeigefinger auf den Mittelfinger trommeln. Die Schallwellen stimulieren Akupunkturpunkte um das Ohr herum die gegen Erkrankungen der Ohren wirksam sind.

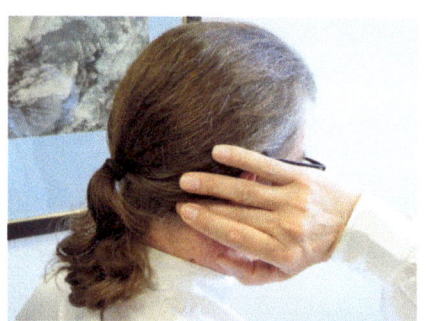 

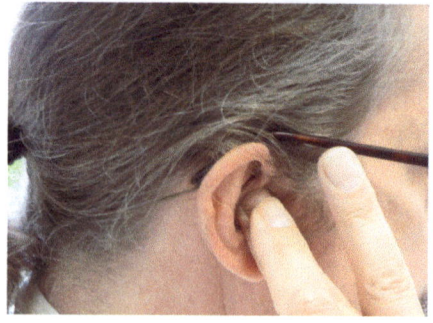

6) Schulter massieren

Normale Atmung. Wenn wir die Schulter nach vorne ziehen, entsteht unter dem Schlüsselbein eine Kuhle. Dort befindet sich der zweite Punkt des Lungenmeridians. Wir stoßen mit dem Zeige-und Mittelfinger in diese Kuhle und bewegen dann die Finger gerade nach oben über die Schulter nach hinten. Wir streichen von hinten nach vorne über den Oberarm und zwar über eine Kuhle unter dem Muskelbauch(ca. Hälfte der Strecke Schulter-Ellbogen).

16 x wiederholen, dann die andere Seite. Diese Übung ist nicht nur gut für die Schulter, durch die Anregung des Lungenmeridians auch anregend auf die Atmung und Abwehrkräfte.

 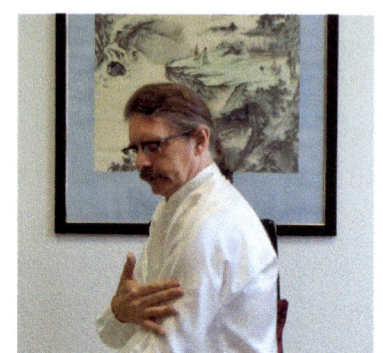

 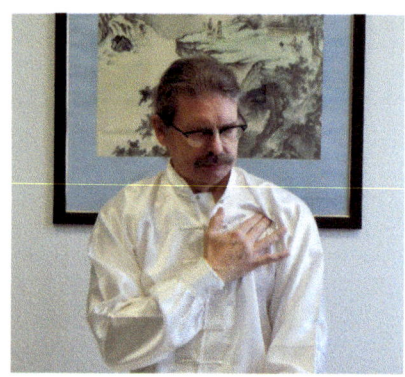

7) Meridian Massage

Normale Atmung. Mit den Handflächen auf den Hüften beginnen. Die Hände seitlich herunterführen, je nach Vermögen bis unter die Knie oder weiter bis zum äußeren Knöchel. Zur Innenseite der Beine wechseln. An der Innenseite der Beine emporstreichen. Über die Mittellinie des Körpers nach oben bis zum Halsansatz. Um den Hals herum bis zum Nacken, dann über den Hinterkopf, Vorderkopf und Gesicht streichen. Über das Brustbein zu den Rippenbögen rechts und links. Weiter nach hinten zu den Nieren. Von dort zum Anfang, zu den Hüften. 8 x .

8) Bogenschießen

Bei beiden Händen die Zeigefinger und den Daumen abspreizen, die anderen Finger einklappen. Das rechte Handgelenk vor der Brust über das linke legen.

Den rechten Arm nach rechts ausstrecken, dabei einatmen. Der Zeigefinger weist nach oben(das Holz). Den linken Ellbogen nach links ausstrecken, bis auf Schulterhöhe. Der Zeigefinger zeigt nach rechts.(die Sehne). Der Bogen wird gespannt. Über den rechten Zeigefinger ein imaginäres Ziel anvisieren, "schießen" und ausatmen, dabei die rechte Hand zuerst auf die Brust legen, die linke darüber. Handgelenk über Handgelenk.

Den linken Arm nach links ausstrecken, dabei einatmen, s.o. 8 x nach rechts und 8 x nach links.

9) Kniemassage

Normale Atmung. Mit Zeige- und Mittelfinger 16 mal, in jeder Richtung, um die Kniescheiben kreisend massieren. Anschließend mit Zeige- und Mittelfinger in den Kniekehlen rauf und runter reiben. Gut für die Knie, Lendenwirbelsäule und Kraft der Beine.

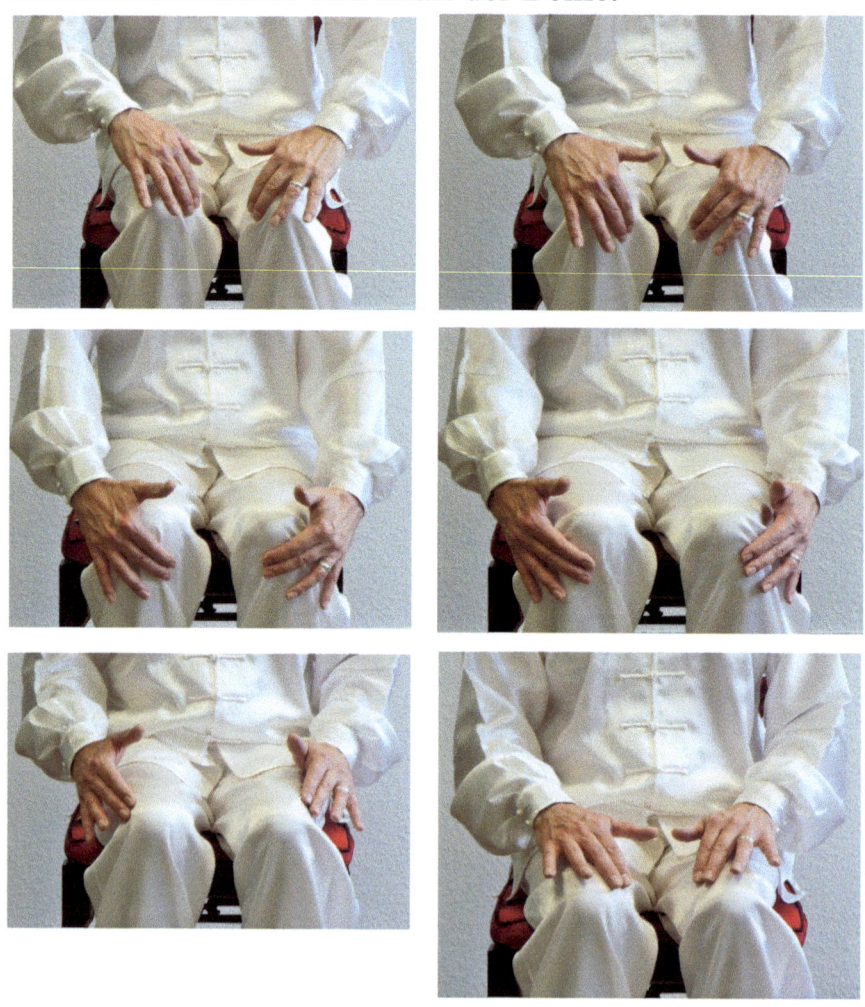

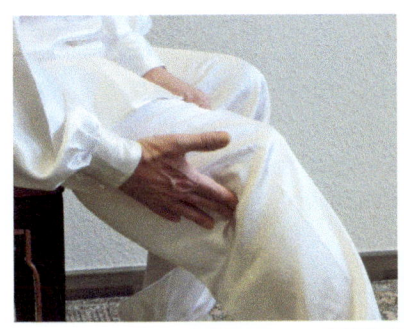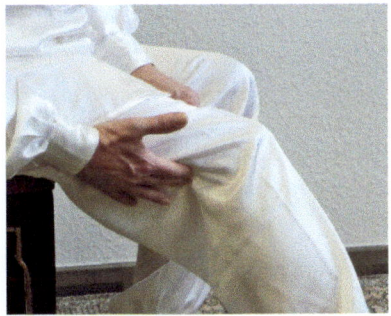

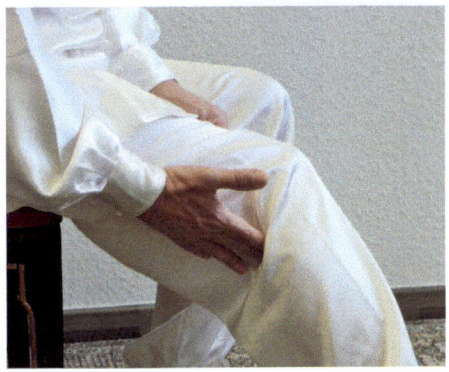

10) Nieren reiben

Normale Atmung. Mit beiden Händen in der Nierengegend(untere Rippenbögen) rauf und runter reiben bis es warm wird.

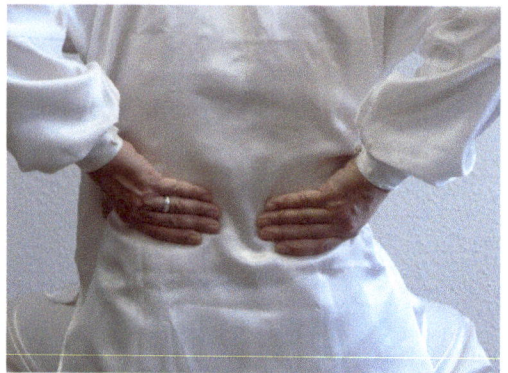

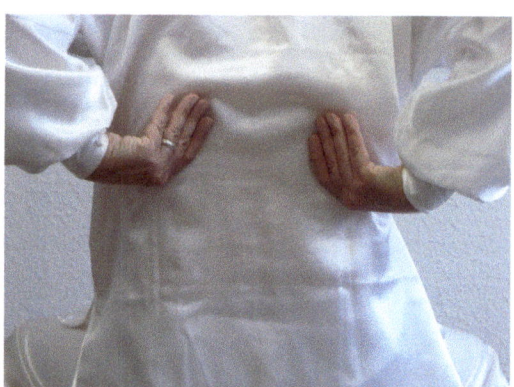

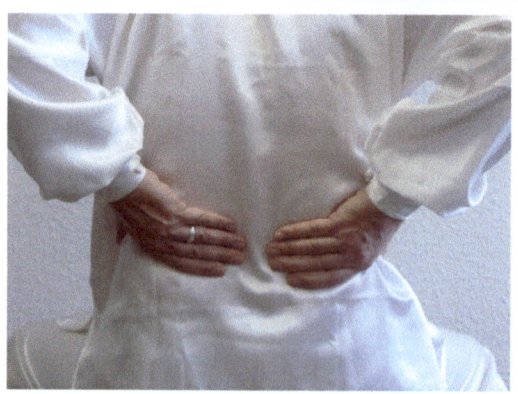

11) Ellbogen zu den Knien

Die Hände hinter dem Kopf verschränken, die Ellbogen nach vorne gerichtet. Einatmen, dann gleichzeitig ein Knie heben und den Ellbogen der anderen Körperseite zueinander führen. Dabei ausatmen. Beim zurückgehen wieder einatmen.

12) Yongchuan reiben

Normale Atmung. Mit Zeige-und Mittelfinger den Punkt Niere1(Yongchuan) reiben. Die Bewegung geht von der Kuhle unter den Zehengrundgelenken schräg nach unten Richtung innerer Knöchel. 100 mal schnell ausstreichen. Mit der linken Hand den linken Fuß halten und mit den Fingern der rechten Hand die Massage ausführen. Dann umgekehrt. Beruhigt das Nervensystem und fördert die Entwässerung. Es gibt warme Füße im Winter.

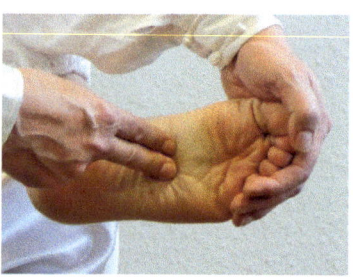
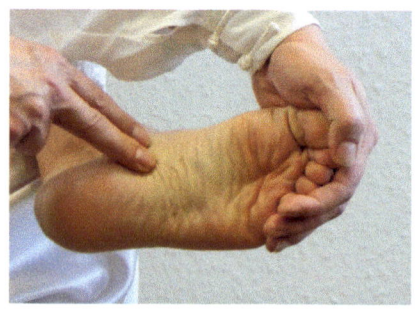
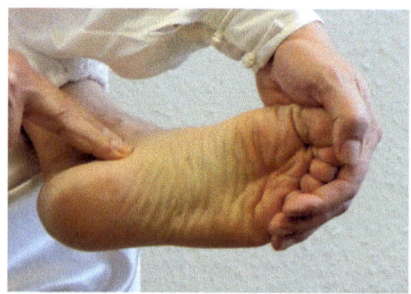

13) Füße kreisen, Zehen hochziehen

Beide Füße, vom Sprunggelenk aus, 8 x im Uhrzeigersinn kreisen lassen. Anschließend 8 Kreise gegen den Uhrzeigersinn.
Die Zehen beider Füße 8 x nach oben Richtung Körper ziehen. Dabei einatmen. Locker lassen und ausatmen.

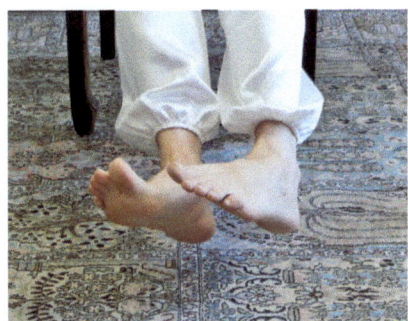 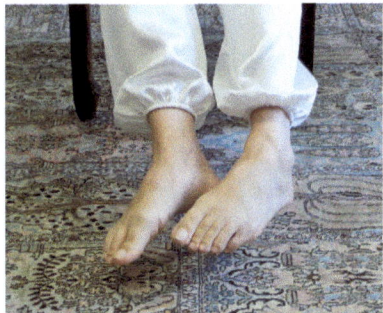

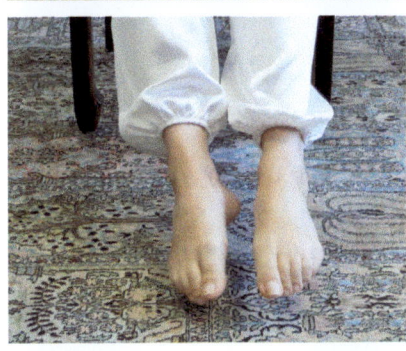 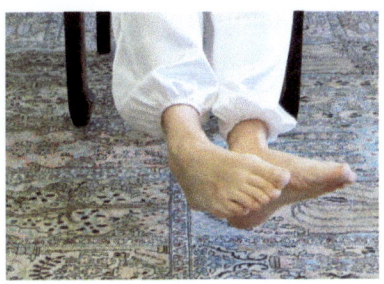

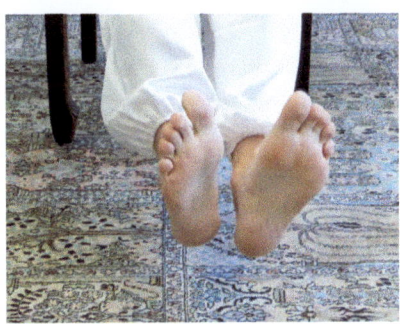 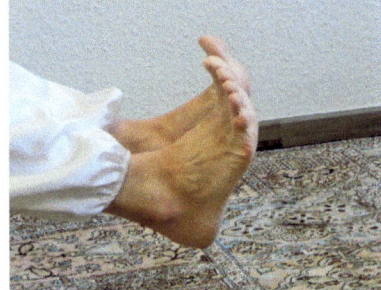

14) Winde drehen

Lockere Fäuste neben die Schultern halten. Mit den Fäusten große Kreise beschreiben, nach oben vorne und unten. Dabei ausatmen. Beim Aufrichten und Hochziehen der Fäuste einatmen. 8x.

Dann die eine Hand nach oben heben und auch dahin schauen und die andere Faust nach unten strecken. Während wir die eine Hand mit gestrecktem Arm, senken, heben wir die andere Hand mit gestrecktem Arm. Wir schauen immer zu der gehobenen Hand. Eine Bewegung wie beim Kraulen im Wasser.

Wir atmen auf der einen Seite ein, auf der anderen Seite aus.

Je nach Vermögen können wir uns dabei nach vorne beugen oder gerade sitzen. 4 x zu jeder Seite schauen.

15) Schultern kreisen lassen
Beide Schultern gegenläufig kreisen lassen. 8 x im Uhrzeigersinn, 8 x dagegen.

16) Qi darbringen

Beide Hände, nah zusammen, nach vorne strecken.
Handflächen nach oben. Ausatmen.

Handflächen nach außen drehen und Hände mit
gestreckten Armen zur Seite bewegen, dabei einatmen.
Dann die Hände eng unter den Achseln nach vorne führen,
Handflächen nach oben, dabei ausatmen. 8 x.

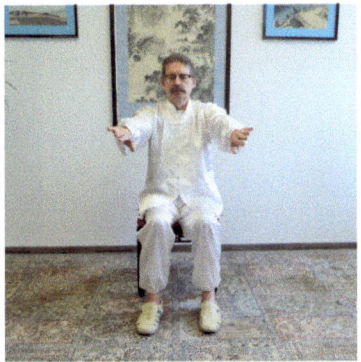

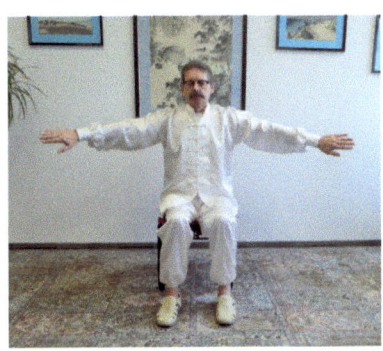
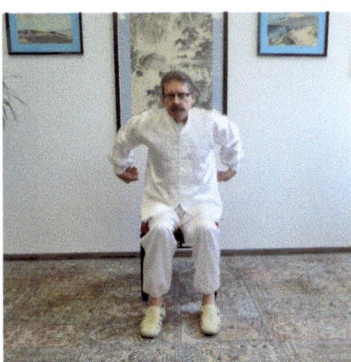

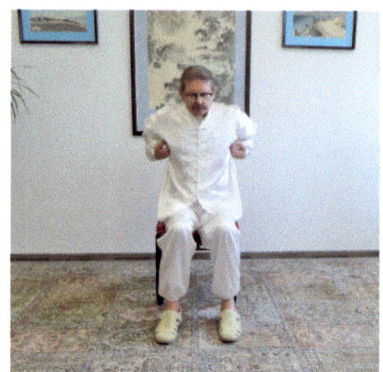 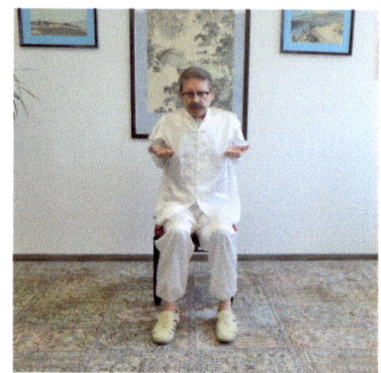

17) Oberkörper kreisen

Auf dem Sitz etwas nach vorne rücken. Mit dem Oberkörper nach links und vorne bewegen, dabei ausatmen. Den Kreis weiterführen nach rechts und oben, dabei einatmen. 8 Kreise im Uhrzeigersinn, 8 Kreise gegen den Uhrzeigersinn. Beim Kreisen nach oben den Oberkörper auch etwas nach hinten führen, das stärkt die Bauchmuskulatur. Wichtig: Bei der ganzen Übung einen Punkt auf dem Boden fixieren, sonst wird einem schwindelig.

Die Verdauungsorgane werden massiert, Rücken-und Bauchmuskulatur gestärkt.

18) Knie anziehen

Ein Knie möglichst dicht zum Oberkörper anziehen, dabei einatmen und die Arme ausbreiten, Handflächen nach oben.

Bein absetzen, Hände auf die Oberschenkel und ausatmen. 8 x.

Wirkt auf die Atmung und Verdauungsorgane.

19) Kreis malen

Wir stellen uns vor, eine Glasscheibe befände sich vor uns. Wir malen mit den Handflächen einen großen Kreis auf diese Glasscheibe. Beim nach oben Führen der Hände strecken wir die Arme nicht ganz aus, sodass die Arme im gehobenen Zustand auch einen Kreis bilden. Der Blick bewegt sich in der Mitte mit der Aufwärts- und Abwärtsbewegung nach oben und unten. Bei der Aufwärtsbewegung atmen wir tief in die Brust ein, bewegen die Energie nach oben. Bei der rückläufigen Bewegung atmen wir aus, die Energie sinkt nach unten. Verbessert die Lungenkapazität und die Sauerstoffaufnahme. 8 x.

20) Gesichtsmassage

Normale Atmung. Beide Daumen mit den Fäusten umschließen. Die Daumenrückseiten aneinander reiben bis sie heiß werden. Dann mit den Daumenrückseiten die Nasenseiten rauf und runter reiben. Anschließend die Fingerspitzen der Zeigefinger neben den Nasenlöchern aufdrücken. Bis 30 zählen, dann lösen; 3 x wiederholen. Den Übergang vom knöchernen Nasenflügel zum Oberkiefer suchen, mit den Fingernägeln der Zeigefinger in diesen Spalt drücken. Bis 30 zählen, dann wieder lösen. 3 x. Diese Massage ist gut für alle Nasennebenhöhlen.

Die Daumenrückseiten reiben und mit den Knöcheln über die Augen reiben. Vom inneren Augenwinkel nach außen über die Augenlider streichen. 16 x.

Die Daumenrückseiten reiben und über die Augenbrauen streichen. Von der Nasenwurzel nach außen. 16 x.

Gegen Kopfschmerzen, Augenerkrankungen, Stirnhöhlen.

Mit den Fingerspitzen des Zeige- und Mittelfingers das Gesicht massieren. Über den Augen beginnen, um die Augen herum bis genau unter den Augen. Dann nach unten ziehen, um die Mundwinkel herum bis zum Kinn.

8 x in diese Richtung, dann 8 x von unten nach oben massieren.

Gegen Faltenbildung, Kopfschmerzen, gut für die Zähne, Augen, Gesichtsmuskulatur.

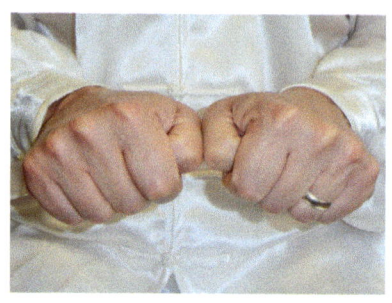

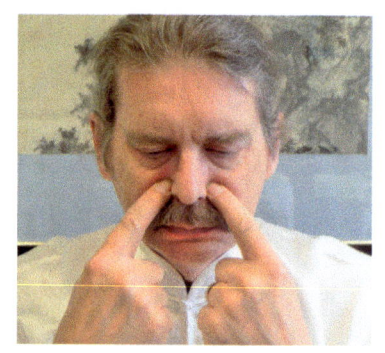

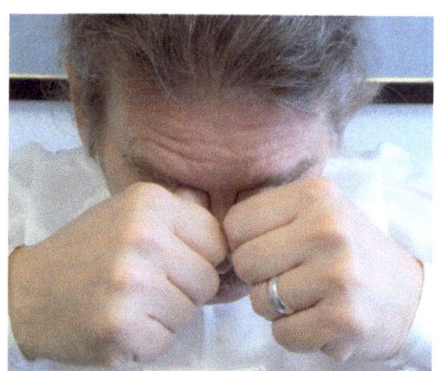

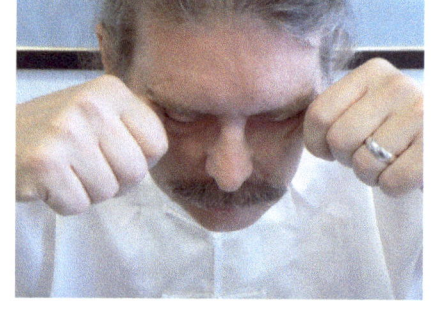

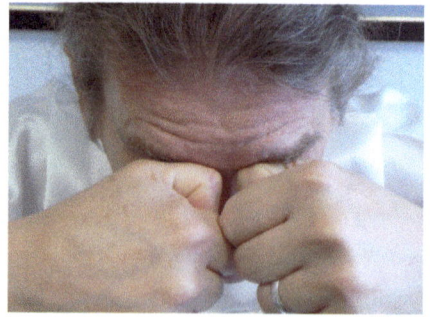

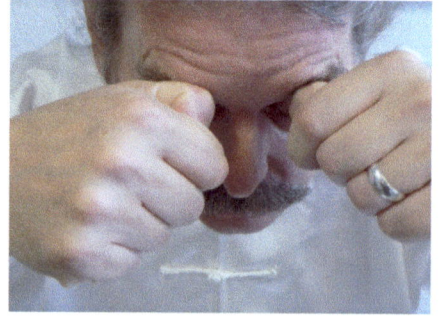

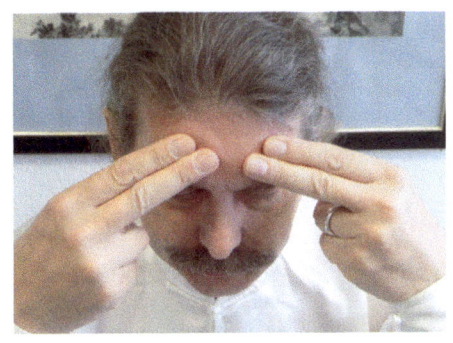 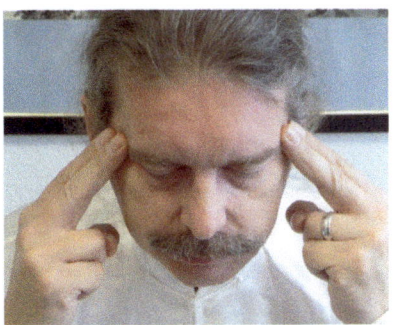

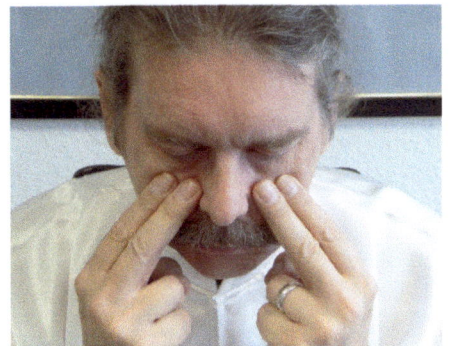 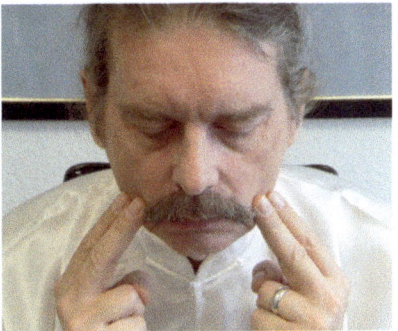

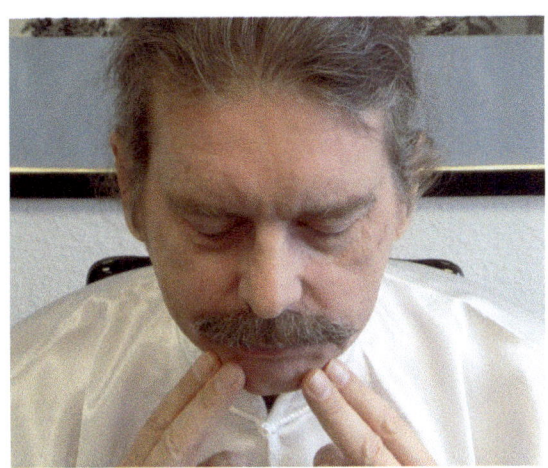

21) Augen kreisen

Normale Atmung. Mit den Augen im Uhrzeigersinn
8x kreisen ohne den Kopf zu bewegen. Dann 8x
gegen den Uhrzeigersinn kreisen.
Die Augen fest schließen, dann weit aufreißen.
Gut für die Durchblutung der Augen und
Augenmuskulatur.

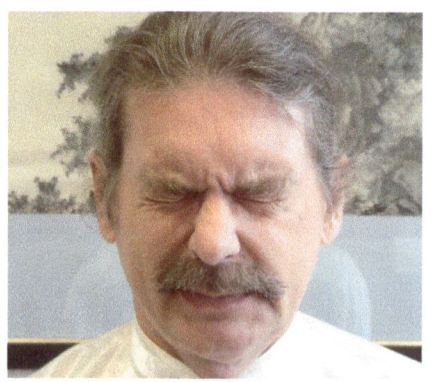

22) Ohren massieren

Normale Atmung. Mit dem Zeigefinger und dem Daumen den oberen Ohrrand fassen und mit leicht kreisenden Bewegungen den Ohrrand von oben nach unten zum Ohrläppchen massieren.

Dann mit dem Zeigefinger in der Ohrmuschel von oben nach unten streichen. Beides 16 x wiederholen.

Mit Zeigefinger und Mittelfinger hinter dem Ohr und mit Ringfinger und kleinem Finger vor dem Ohr rauf-und runterreiben. 16X

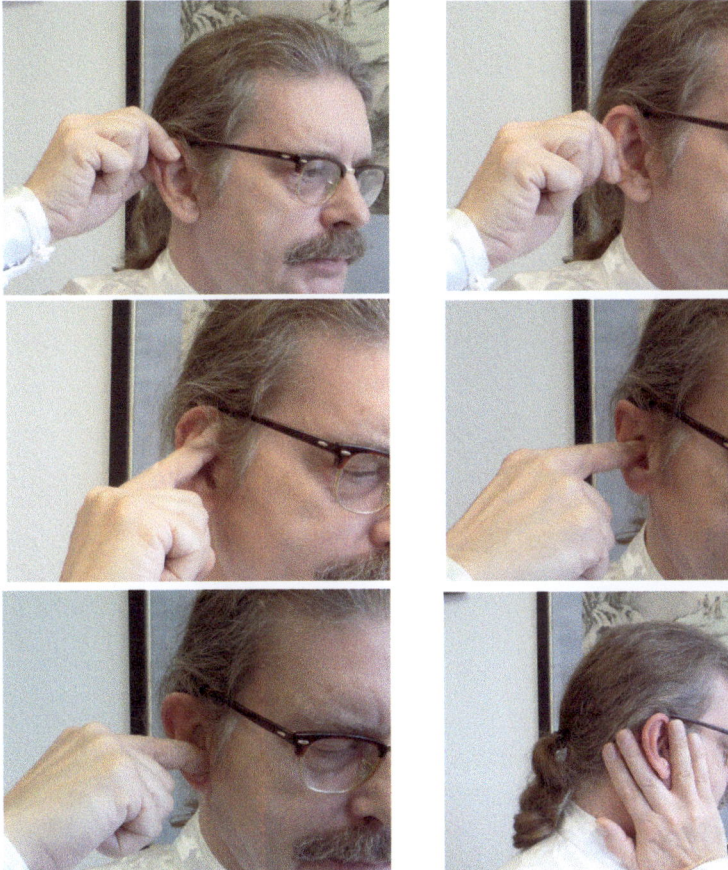

23) Das Qi aufwärts und abwärts führen

Beide Hände schalenförmig unter den Bauchnabel legen.
Einatmen und beide Hände bis auf Herzhöhe heben.
Hände umdrehen, ausatmen und Hände nach unten drücken bis zum Unterbauch. 8x

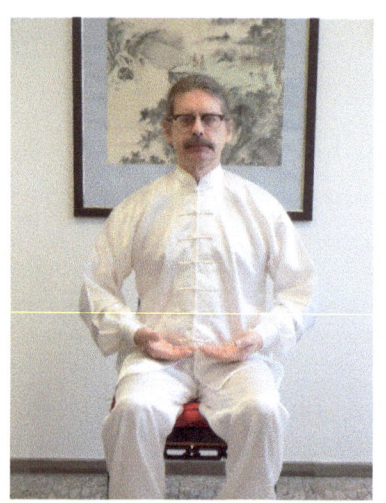 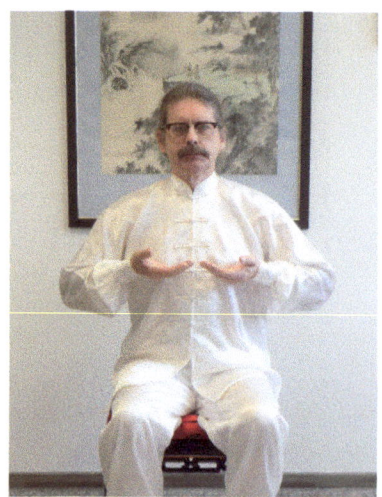

24) Die Faust zum Himmel strecken

Beide Fäuste vor der Brust gegeneinander halten, ausatmen. Die linke Faust schräg zum Himmel strecken, den rechten Ellbogen schräg nach rechts unten strecken, nach rechts unten schauen, dabei einatmen. Beim Zusammenführen der Fäuste wieder ausatmen. 8x. Dann die rechte Faust schräg nach oben strecken u.s.w.

25) Yin und Yang

Die rechte Hand über den Kopf halten, die linke hinter den Rücken halten. Ausatmen. Mit dem Einatmen die rechte Hand nach links unten bewegen, wir blicken nach links unten, die linke Hand bewegt sich nach rechts hinten. Mit dem Ausatmen die Hände wechseln. Die linke Hand über den Kopf, die rechte hinter den Rücken.
Mit dem Einatmen die linke Hand nach rechts unten bewegen, wir blicken nach rechts unten, die rechte Hand bewegt sich nach links hinten.

26) Ellbogen auseinanderziehen und kreisen lassen

Beide Fäuste vor der Brust gegeneinander halten, ausatmen. Die Ellbogen zur Seite führen und dabei einatmen und die Brust weiten. Beim Zusammenführen der Fäuste wieder ausatmen. 8 x.
Beide Fäuste vor der Brust gegeneinander halten. Den einen Ellbogen schräg nach unten strecken, den anderen Ellbogen schräg nach oben strecken. Dann mit diesem Ellbogen 8 Kreise im Uhrzeigersinn und 8 Kreise gegen den Uhrzeigersinn beschreiben. Atmung normal.

27) Den Himmel stützen

Die Arme dabei nach rechts und links im Bogen nach oben führen und einatmen. Die Finger verschränken, nach oben strecken"Den Himmel stützen" und ausatmen. Wieder nach vorne blicken. Beim Einatmen gehen die Hände auf dem gleichen Weg zurück.

28) Bauchmassage

Frauen legen die rechte Hand unter den Bauchnabel, Männer die linke Hand. Die andere Hand legen wir darüber , sodass wir das Handgelenk von oben umfassen. Die Hände drücken gegen den Bauch, der Bauch gegen die Hände. Wir führen 8, immer größer werdende Kreise im Uhrzeigersinn aus. Bis zu den Rippenbögen, den Bauchseiten, dem Schambein u.s.w. Wir stoppen über dem Schambein und führen dann, 8 immer kleiner werdende Kreise gegen den Uhrzeigersinn aus. Bei jeder Aufwärtsbewegung atmen wir ein, bei jeder Abwärtsbewegung atmen wir aus. 1-2 mal durchführen. Nach jeder Übung beide Hände auf den Unterbauch legen und nachspüren.

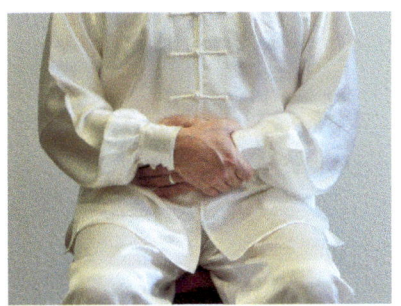 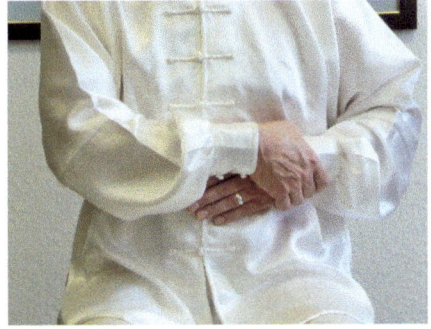

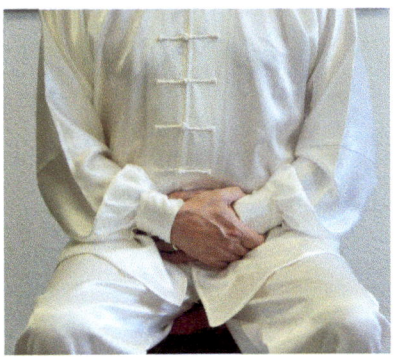 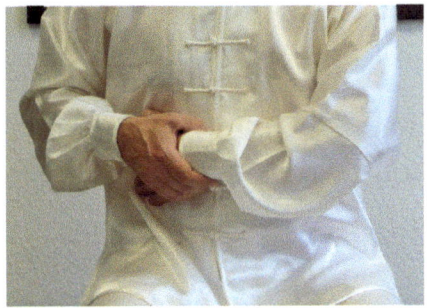

29) Boxen

Form 1

Die Daumen mit den Fäusten umschließen, mit der Faustinnenseite nach oben, auf die Beckenknochen legen.

Beim Einatmen die rechte Faust nach vorne schieben, nach der Hälfte der Strecke die Faustinnenseite nach unten drehen und Ausatmen.

Einatmen und die rechte Faust zurückführen, dabei wieder umdrehen und gleichzeitig die linke Faust nach vorne schieben, beim Ausatmen die rechte Faust auf der Hüfte ablegen und gleichzeitig die linke Faust umdrehen(Faustinnenseite nach unten) und nach vorne schieben. So im stetigen Wechsel fortführen.

Form 2

Die Daumen mit den Fäusten umschließen, mit der Faustinnenseite nach oben, auf die Beckenknochen legen.

Beim Einatmen die rechte Faust nach vorne schieben; bis zur Hälfte der möglichen Streckbewegung.

Beim Ausatmen die Faustinnenseite nach vorne drehen und schieben, dabei die Hand öffnen.

Bem Einatmen die vorige Bewegung rückwärts machen; bis zur Hälfte der möglichen Streckbewegung.

Beim Ausatmen die Faust wieder auf die Beckenknochen legen.

Beim Einatmen die linke Faust vorstrecken, siehe oben.

Beim Schieben der Faust nach vorne sollte der Oberarm und der Oberkörper einen rechten Winkel bilden. Die Schultern nicht nach vorne drehen und der Rücken sollte gerade bleiben.

Es kommt auf die innere Kraft an, nicht auf die äußere. Auf Laogong konzentrieren. 8 x jede Seite.

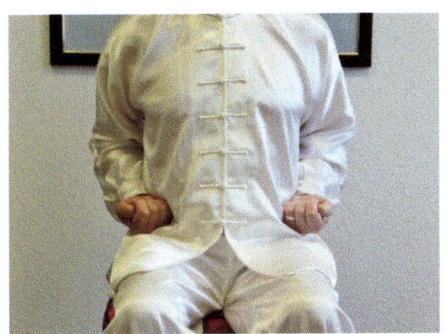

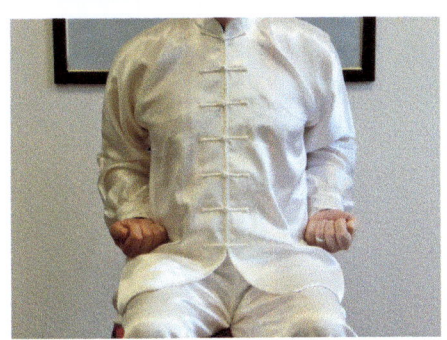

30) 3 Routen Entspannung(Fang Song Gong)

Man konzentriert sich auf die genannten Körperteile und denkt sich „Entspannen" mit dem Ausatmen.
1) Kopfseiten, Nackenseiten, Schultern, Oberarme, Ellbogen, Unterarme, Hände und Finger.
1-2 min. auf die Mittelfinger konzentrieren.
2) Gesicht, Hals, Brust, Bauch, Vorderseite der Oberschenkel, Knie, Vorderseite der Unterschenkel, Vorderseite der Füße und Zehen. 1-2 min. auf die großen Zehen konzentrieren.
3) Hinterkopf, Halswirbelsäule, oberer Rücken, mittlerer Rücken, unterer Rücken, Gesäß und Rückseite der Oberschenkel, Kniekehlen, Waden, Fersen, Fußsohlen. Dann 1-2 min. auf Yongchuan konzentrieren.
4) Kurzdurchlauf: Konzentration auf größere Körpergebiete. Kopf, Arme, Brust, Bauch, Beine
5) Auf eine persönliche Problemzone oder lokale Verspannungen konzentrieren. Mit dem Ausatmen entspannen. Mehrmals wiederholen.
6) Dusche: Sich mit dem Ausatmen vorstellen das eine „Energiedusche" von oben nach unten über den Körper fließt wie Wasser.

31) Energiefeld zwischen den Händen aufbauen

Jeder Körper hat ein Energiefeld um sich. Ob man es nun Biophotonenstrahlung oder Aura nennt. Dieses Energiefeld wollen wir mit der folgenden Übung verstärken.

Beide Handflächen gegeneinander halten ohne Berührung. Wir konzentrieren uns auf den Zwischenraum zwischen den Händen. Mit dem Einatmen die Hände auseinander ziehen, mit dem Ausatmen die Hände wieder fast zusammenführen. Stellen Sie sich vor, Sie hätten einen weichen, halbgefüllten Luftballon zwischen den Händen den Sie auseinanderziehen oder zusammendrücken.

32) Reguliertes Atmen

Gerade hinsetzen, Schultern locker lassen. Nur durch die Nase atmen.

Bei dieser Übung denkt man den Satz: „Ich sitze ruhig entspannt"

„Ich" beim Einatmen.

„..sitze.." beim Luftanhalten.

„..ruhig entspannt." beim Ausatmen.

Wer es besonders gut machen möchte, sollte die Zungenspitze hinter die obere Zahnreihe legen beim Einatmen und Luftanhalten. Beim Ausatmen wieder lösen. Die Sondermeridiane „der Große- und der Kleine Governeur" werden so vereinigt. Sie verlaufen auf der Mittellinie über die Rück-und Vorderseite des Körpers.

33) Bauchatmung

Bei der Bauchatmung streckt man den Bauch bei der Einatmung leicht nach vorne und zieht ihn bei der Ausatmung leicht ein. Man atmet nur mit dem Bauch, nicht mit der Brust. Wirkt entspannend und verstärkt das Qi im Dantian. Harmonisch , nicht zu stark atmen. 20 x Ein- und Ausatmen. Beruhigt das vegetative Nervensystem, Schlaf fördernd. Anfänger sollten es im Sitzen oder Liegen üben. Es ist beim ersten Mal hilfreich eine Hand auf den Bauch und die andere auf die Brust zu legen.

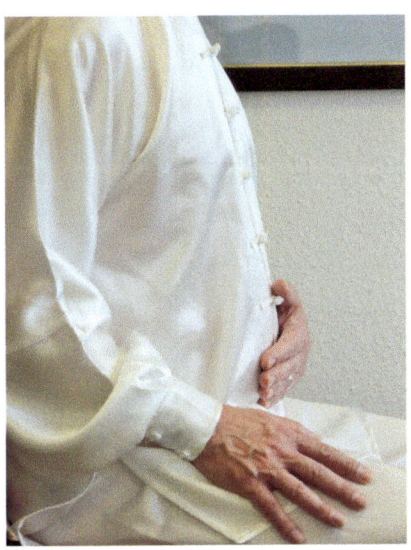 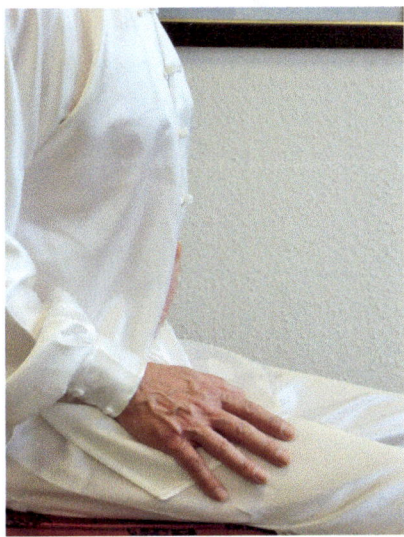

34) Blumen in den Händen

Die Hände wie 2 offene Schalen in die Leisten legen; auf die Innenseite der Oberschenkel. Sich Blumen in den Händen vorstellen. Egal ob eine oder viele, real existierende oder Phantasieblumen. Wenn die Gedanken abschweifen, immer wieder zu dem Satz zurückkehren:"Blumen in den Händen". Fördert die Konzentration und den Nierenmeridian. Aus dem Zustand und der Farbe der Blumen lässt sich etwas über den emotionalen Zustand des Menschen erfahren.

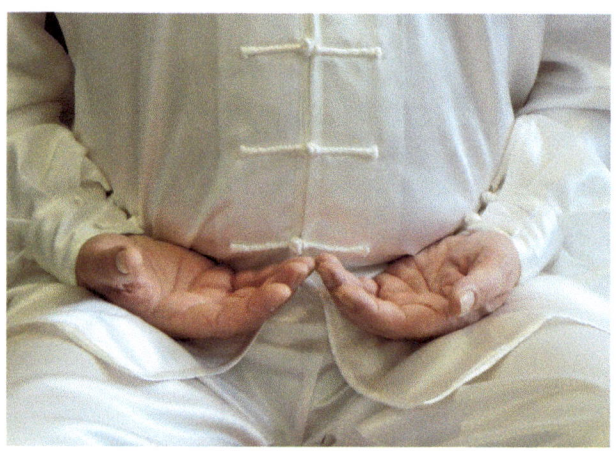

Qi Gong Bücher von Hartmut von Czapski

Taiji Qi Gong
ISBN 9783749469413
In diesem Buch werden 22 Taiji Qi Gong Übungen beschrieben.
Diese Übungen verbessern die Energieaufnahme, stärken die
Selbstheilungskräfte und bewirken einen Ausgleich des
vegetativen Nervensystems.
Sie fördern die Konzentrationsfähigkeit und innere Ruhe.
Sie wirken positiv auf die Verdauungsorgane, die Muskulatur,
die Sehnen, Gelenke und die Wirbelsäule. Die erhöhte
Sauerstoffaufnahme stärkt das Herz und die Lungen.

Qi Gong Standübungen
ISBN 9783744809665
In diesem Buch werden 23 Qi Gong Standübungen beschrieben.
Diese Übungen verbessern die Energieaufnahme, stärken die
Selbstheilungskräfte und bewirken einen Ausgleich des
vegetativen Nervensystems. Sie fördern die Konzentrations-
fähigkeit und innere Ruhe. Sie stärken die Muskulatur und die
Sehnen. Die Stand-positionen der 5 Tiere(Affe, Hirsch, Bär,
Tiger, Kranich) sind auch für Kinder gut geeignet.

Medizinisches Qi Gong nach Prof. Wu
ISBN 9783744829427
In diesem Buch werden Übungen gezeigt die u.a. bei folgenden
Beschwerdebildern eine ausgezeichnete Wirkung zeigen: bei
hohem und niedrigen Blutdruck, Magen- und Darmbe-
schwerden, Lungenproblemen, Schlaflosigkeit, Nervosität,
Konzentrationsschwäche, Energielosigkeit, Rückenschmerzen
und übermäßigem Stress.
Bei regelmäßiger und ausdauernder Übung des Qi Gong kann
der Praktizierende seinen Gesundheitszustand verbessern und
innere Ruhe und Entspannung finden. Da die Übungen mit
unterschied-lichem Kraftaufwand durchgeführt werden
können, eignen sie sich auch für ältere, geschwächte
Menschen.

FSC

www.fsc.org

MIX

Papier aus ver-
antwortungsvollen
Quellen
Paper from
responsible sources

FSC® C105338